Mariana Massarani

A minha avó

Ilustrações e texto © Mariana Medeiros Massarani
Representada por AMS Agenciamento Artístico, Cultural e Literário Ltda.
Edição © Zit Editora, 2016

Coordenadora editorial: Laura van Boekel
Editora assistente (arte): Juliana Pegas
Design de capa e miolo: Mariana Massarani
Revisão: Carolina Rodrigues e Cristina da Costa Pereira

CIP-BRASIL. CATALOGAÇÃO NA PUBLICAÇÃO.
SINDICATO NACIONAL DOS EDITORES DE LIVROS, RJ.

M369m

Massarani, Mariana
A minha avó / [texto e ilustração] Mariana Massarani.
– 1. ed. – Rio de Janeiro: Zit, 2016.
32 p.: il.; 22 cm.

ISBN 978-85-7933-106-0

1. Conto infantojuvenil brasileiro. I. Título.

16-34374   CDD: 028.5   CDU: 087.5

Registrado no Escritório de Direitos Autorais da Fundação Biblioteca Nacional, Ministério da Educação e Cultura. Proibida a reprodução total ou parcial desta obra sem permissão expressa do Editor (Lei nº 5.988, de 14 de dezembro de 1973). Todos os direitos reservados.

Av. Pastor Martin Luther King Jr., 126 | Bloco 1000 | Sala 204
Nova América Offices | Del Castilho
20765-000 | Rio de Janeiro | RJ
Tel.: 21 2564-8986 | editora@zit.com.br
grupoeditorialzit.com.br

Nova ortografia (acordo de 1990)

Impresso no Brasil/*Printed in Brazil*

Para Edna

Mas ela parece estar sempre perto.

Ela canta bem e é muito engraçada.

Às vezes, ela me conta histórias tristes.

Vovó mora do outro lado do mundo.

Quando eu dou "Bom dia!",
ela me dá "Boa noite!".

Como ela tem problemas para dormir,
dá tempo da gente fazer muitas coisas junto.

Não sei o que a minha avó fica fazendo quando vou para a escola.

Todas as minhas amigas conhecem a vovó!

Vovó e eu estamos mesmo sempre juntas.

Blim, Blom!

Primeira edição: setembro de 2016
Segunda impressão: fevereiro de 2019
Papel de capa: cartão triplex 300g/m²
Papel de miolo: offset 150g/m²
Impressão: Zit Gráfica e Editora